RAPPORT

SUR LES

CONFÉRENCES DE DROIT

BARREAU DE PARIS

RAPPORT

SUR LES

Conférences de Droit

PRÉSENTÉ

A M. LE BATONNIER

DE

L'ORDRE DES AVOCATS A LA COUR D'APPEL DE PARIS

PAR

LÉON DEROY

Avocat à la Cour d'Appel, Secrétaire de la Conférence.

(Imprimé aux frais de l'Ordre)

PARIS
IMPRIMERIE ALCAN-LÉVY, 61, RUE LAFAYETTE
1882

MONSIEUR LE BATONNIER,

L'intérêt que vous avez toujours témoigné pour les travaux de la Conférence des avocats devait naturellement attirer votre attention bienveillante sur ceux des Conférences particulières, qui en sont comme le prélude obligé.

J'ai l'honneur de vous soumettre les résultats de la modeste enquête que vous m'avez demandé de faire sur la situation actuelle de ces réunions, dont j'ai pu constater par moi-même l'inappréciable utilité.

Ma tâche a d'ailleurs été singulièrement facilitée par la bonne volonté de MM. les présidents des Conférences à me communiquer les renseignements dont je pouvais avoir besoin; enfin j'avais l'heureuse fortune d'être guidé dans mon travail par les rapports si consciencieux et si intéressants adressés à deux de vos plus illustres prédécesseurs en 1858 par M. Victor Bournat, en 1863 par MM. Albert Martin, Lacoin et Corne.

Conformément au désir que vous m'aviez exprimé, j'ai suivi sans presque m'en écarter le plan de ce dernier ouvrage, en m'appliquant à signaler d'une façon particulière les usages disparus et les progrès accomplis depuis lors.

Veuillez agréer, monsieur le Bâtonnier, l'assurance de mon profond respect et de mon absolu dévouement.

Léon Deroy.

(Juin 1882).

RAPPORT

SUR LES

CONFÉRENCES DE DROIT

I

ORIGINE ET UTILITÉ DES CONFÉRENCES

La difficulté qu'on éprouve à reconstituer l'histoire de la Conférence des avocats, dont l'origine ne remonte pourtant pas à une date antérieure à 1710, est la meilleure preuve de la témérité qu'il y aurait à entreprendre un travail analogue relativement aux Conférences particulières. Bien qu'il semble, à première vue, qu'elles aient dû naître en même temps que le barreau, les anciens auteurs qui, comme Loysel, ont traité avec le plus de soin des études nécessaires aux jeunes avocats, ne font aucune mention de ces utiles réunions.

Ce silence n'a d'ailleurs rien que de naturel, si l'on songe combien les conditions de la plaidoirie étaient, aux XVIe et XVIIe siècles, différentes de ce que nous les voyons aujourd'hui. A l'heure actuelle, la facilité d'improvisation est justement considérée comme une des qualités indispensables à l'avocat. Il n'en était pas de même à l'époque où les Arnauld et les Pasquier combinaient à loisir, dans la solitude du cabinet, la savante ordonnance de ces vastes plaidoyers, qu'ils récitaient à l'audience en les entremêlant de lectures, dont Ovide et saint Augustin, Aristote et Bartole faisaient concurremment les frais. Aux yeux de ces vénérables ancêtres du barreau, le silence était la véritable école de l'éloquence; Pierre Pithou passait quatre années entières au Palais avant d'aborder la barre, et l'on eût alors volontiers taxé d'impudence le jeune homme soucieux de s'exercer à la parole, avant de s'être approprié, par une longue étude des chefs-d'œuvre des maîtres, les secrets de la dialectique et de l'art de bien dire.

Cependant, vers le milieu du siècle dernier, les idées se modifient : on comprend tout le profit qu'il y aurait à tirer de la discussion en commun d'un procès imaginaire, et les Conférences organisées à la Bibliothèque des avocats, bien qu'à plusieurs reprises interrompues, servent de modèle à un certain nombre de réunions particulières, dont, en 1786, Bonnet devait célébrer les avantages dans un discours de rentrée : « On s'y fait, dit-il, aux formes de l'audience, au ton qui lui convient, à l'action; on y perd la timidité qui altère souvent les meilleures choses et étouffe les plus beaux mouvements ; on y peut traiter toutes les causes et apprendre quel est son genre de talent. »

Disparues, comme les institutions dont elles étaient pour ainsi dire l'accessoire, au moment de la Révolution, ces Conférences se reformèrent au Palais de Justice dès les premières années de ce siècle, lorsque l'Ordre des avocats eut repris, dans l'organisation judiciaire, la place qu'il y tenait de temps immémorial. Depuis lors, le nombre toujours croissant, on le verra, des jeunes gens qui fréquentent ces réunions particulières, indique de la façon la plus claire l'utilité qu'ils y trouvent.

Les exercices de la Conférence des avocats, si profitables à d'autres égards, sont, en effet, insuffisants pour donner à ceux qui s'y font entendre l'habitude de la parole. L'usage des répliques n'y est pas admis et la prudence des concurrents n'y laisse rien au hasard. Il serait d'ailleurs téméraire à un orateur inexpérimenté de venir affronter devant un auditoire nombreux et difficile ces luttes oratoires, auxquelles la présence du chef suprême de notre Ordre donne une si haute importance.

C'est dans un cercle plus restreint, au milieu de camarades du même âge, que le débutant doit mesurer ses forces ; c'est là qu'il se dépouillera de sa timidité pour prendre peu à peu l'assurance nécessaire à l'avocat. Son esprit s'y formera à la discussion, et sa parole assouplie s'y habituera à subir tous les chocs, sans jamais se déconcerter.

Grâce aux Conférences particulières qui, chaque année, lui envoient leurs meilleurs orateurs, la Conférence des avocats est assurée de ne jamais voir diminuer l'éclat de ses travaux, ni l'intérêt de ses séances. Un exemple frappant de l'utilité qu'elles présentent à ce point de vue nous est donné par la Conférence Henrion de Pansey, qui, depuis dix années qu'elle existe, n'a pas fourni moins de soixante-dix secrétaires à la Conférence des avocats.

II

DES DIFFÉRENTES ESPÈCES DE CONFÉRENCES

« Une distinction très importante à établir entre les diverses Conférences, quant à leur organisation et quant à l'esprit général qui les anime, vient de ce que les unes sont dirigées par un ancien, tandis que les autres sont gouvernées par les jeunes gens mêmes qui en font partie. »

Ainsi s'exprimaient les rédacteurs du rapport de 1863.

Depuis cette époque les choses ont profondément changé, et l'un des faits les plus caractéristiques de la situation actuelle, celui qui mérite peut-être d'attirer le plus l'attention c'est la disparition à peu près consommée des Conférences à la tête desquelles se trouvaient soit un ancien avocat, soit un professeur de la Faculté de Droit. De 1852 à 1866, on voit des membres distingués du Barreau, comme MM. Marie, Plocque, Lacan, Nicolet, Rivière, etc., d'éminents magistrats, tels que M. le Procureur général Rouland, M. le président Brière-Valigny, alors avocat général, enfin des maîtres dont le nom est toujours cher à l'Ecole, MM. Oudot, Bugnet et Rataud, présider pendant plusieurs années des Conférences qu'ils avaient fondées et organisées.

Aujourd'hui, rien de semblable; plus de présidences inamovibles. Les Conférences jouissent toutes ou presque toutes d'une entière autonomie et leurs constitutions, c'est-à-dire leurs règlements, s'inspirent en général de l'esprit le plus démocratique.

Il est assez embarrassant de préciser les raisons d'un tel changement. Faut-il en accuser l'humeur indépendante de la génération nouvelle impatiente de toute autorité et pleine de confiance en ses propres lumières? Doit-on l'imputer au contraire aux nécessités dévorantes de la vie moderne, au fardeau chaque jour plus pesant des affaires qui ne permettent plus au magistrat, à l'avocat ou au professeur de dérober, comme ils le pouvaient autrefois, quelques instants précieux à leurs habituels travaux pour diriger les efforts des jeunes stagiaires?

Attribuer à l'une de ces deux causes une influence prédominante sur la disparition de ces sortes de Conférences serait une injuste exagération. Il semble bien que, d'un côté comme de l'autre, par une espèce de complicité de sentiments, inavouée mais très réelle, on en soit arrivé sans secousses et par la force même des choses à la situation actuelle.

Quoi qu'il en soit, il est permis de regretter à plus d'un titre cette utile collaboration des anciens avec les jeunes gens : ces derniers devaient assurément trouver dans la sage direction imprimée à leurs travaux, dans les encouragements et surtout dans les critiques d'un maître autorisé des avantages assez précieux pour leur faire oublier ce qu'une telle organisation pouvait enlever à leur initiative personnelle.

Est-ce à dire pour cela que le régime actuellement adopté par la presque unanimité des Conférences n'ait pas aussi ses mérites? En aucune façon. L'élection périodique du bureau, la pleine liberté d'action laissée à chacun des membres dont le suffrage pèse d'un poids égal dans la décision de toutes les questions où se trouvent engagés les intérêts communs, autant de causes d'émulation entre ceux qui la composent, c'est-à-dire de garanties de prospérité pour l'association elle-même. Si la perspective des honneurs du secrétariat contribue siugulièrement à élever le niveau des discussions de la Conférence des Avocats en excitant le zèle de ceux qui s'y font entendre, il n'en va pas autrement dans les réunions particulières où les fonctions de président, de secrétaire, même le poste plus modeste de trésorier, sont l'objet de compétitions nombreuses et comme le prix du mérite et de l'assiduité. Chacun enfin semble prendre un plus vif intérêt à une institution dont la direction, dans une certaine mesure, se trouve soumise à son contrôle et à son approbation.

On peut aisément se faire une idée de ce que cette manière de régime parlementaire appliqué à l'organisation d'une Conférence de droit pouvait présenter d'attraits à la jeunesse libérale des dernières années de l'Empire, et c'est peut-être la raison déterminante de la révolution qui, à partir de cette époque, a éloigné les anciens du gouvernement de ces petites républiques.

Cependant ces vieilles traditions du patronage ne sont pas partout effacées, et l'on en retrouve quelques vestiges dans certaines Conférences qui ne sont que l'accessoire d'une autre institution. Ce sont seulement à l'heure actuelle les Conférences organisées par le Cercle catholique du Luxembourg et celle de la Cour de cassation, placée pour ainsi dire sous la tutelle de l'Ordre des avocats au conseil d'État et à la Cour de cassation.

Les premières sont au nombre de quatre : l'une, consacrée aux étudiants de première année, est présidée par un licencié en droit désigné au début de l'année scolaire par le bureau du Cercle ; les deux suivantes, réservées aux étudiants de deuxième et de troisième année, ont chacune à leur tête un docteur en droit choisi par la même autorité. La quatrième, exclusivement composée de jeunes avocats et d'aspirants au doctorat, après avoir eu longtemps le droit d'élire son président a abdiqué ce privilège en 1873, et M. Connelly, conseiller à la Cour de cassation, fut alors appelé à diriger ses travaux. Depuis la retraite de ce magistrat, ses successeurs ont été nommés par l'administration du Cercle.

La Conférence de la Cour de cassation, qui se recrute uniquement parmi les secrétaires ou anciens secrétaires des avocats aux Conseils, semble réunir dans une heureuse combinaison, aux avantages d'une administration indépendante et libre, ceux que procure le patronage des anciens. Un bureau composé d'un président et de deux autres fonctionnaires, pris tous trois parmi les membres de la Conférence, est élu par elle au début de chaque année judiciaire. Il est chargé de la direction des travaux et arrête la liste des questions qui seront débattues dans le courant de l'année. De son côté, le Conseil de l'Ordre des avocats au Conseil d'État et à la Cour de cassation délègue à tour de rôle un de ses membres pour assister à chacune des séances de la Conférence. La présence de ce dignitaire n'a pas seulement pour résultat de conserver aux discussions le caractère sérieux qui, seul, les rend profitables ; mais appelé à donner son sentiment sur la question, le délégué du Conseil éclaire souvent d'une vive lumière un point qui n'avait été qu'imparfaitement traité et que l'inexpérience des orateurs n'avait pas su dégager avec une netteté suffisante. Ses observations sont à cet égard d'une incontestable utilité; est-il besoin d'ajouter que les conseils que les orateurs peuvent ensuite réclamer de lui sont empreints d'une autorité qui fait toujours défaut aux critiques, même sollicitées, d'un camarade ou d'un ami ?

III

FONDATION DES CONFÉRENCES

En dehors des Conférences du Cercle catholique et de la Cour de cassation, dont la création remonte pour les premières à l'année 1851, pour la seconde à vingt ans environ, toutes celles actuellement existantes ont été fondées par de petits groupes d'étudiants ou d'avocats stagiaires.

Parmi les inconvénients signalés dans les rapports de nos prédécesseurs comme inhérents à cette catégorie de Conférences, on relève surtout le reproche d'instabilité qui lui était alors adressé et que les faits d'ailleurs justifiaient entièrement. Les honorables rapporteurs, constatant qu'il était à cette époque (1858-1863) presque impossible à une de ces réunions de prolonger son existence au delà de cinq années et que le plus grand nombre n'arrivait même pas jusqu'à ce terme, semblaient faire de la stabilité comme l'apanage exclusif de celles dont la direction appartenait à un président perpétuel.

L'événement, on l'a vu, devait donner tort à cette manière de voir et, au point de vue de la durée, on doit noter dans la situation présente une sensible amélioration sur l'état de choses ancien.

Outre celles dont la date de fondation vient d'être citée, il existe encore aujourd'hui trois Conférences dont l'origine est antérieure à 1870. Ce sont les Conférences Paillet créée en 1854, de Harlay en 1864, Bugnet en 1867. Aucune autre de ces associations n'a survécu, du moins sous sa forme primitive, à la tourmente de 1870 qui, dispersant leurs membres, suspendit nécessairement leurs paisibles travaux : la perte de leurs archives, détruites dans l'incendie du Palais de Justice, sembla consommer leur ruine.

Mais en 1871-72, on voit se dessiner un mouvement de réorganisation très accentué. Les anciennes Conférences, que les événements avaient réduites à un trop mince effectif pour se reconstituer purement et simplement sur leurs anciennes bases, fusionnèrent entre elles et, renforcées par de jeunes recrues, reprirent, sous des noms nouveaux, les discussions interrompues. C'est vers cette époque que se place la fondation des Conférences Berryer, Henrion de Pansey, Marie, Vergniaud, d'Aguesseau, qui comptent maintenant plus de dix années d'existence. La moyenne de cinq ans est donc largement dépassée; elle le serait dans une mesure plus large encore sans la crise produite par la guerre.

Cependant, chaque année amenant la formation d'une ou de plusieurs Conférences nouvelles, sans que le nombre des jeunes gens appelés à prendre part à leurs travaux s'accroisse en proportion de ces fondations continuelles, la situation des plus anciennes se trouve aujourd'hui quelque peu menacée. Il arrive nécessairement un moment dans la vie d'une Conférence où ceux qui la composaient à l'origine prennent le parti de la retraite, sans que leurs démissions soient toujours exactement compensées par l'arrivée de nouveaux adhérents.

Les débutants redoutent, en effet, de se mesurer à des concurrents dont trois ou quatre années d'exercice ont mûri le talent : ils hésitent à s'essayer devant un auditoire que les progrès de ses orateurs habituels ont rendu difficile et préfèrent dissimuler, dans une réunion plus modeste, le premier essor d'une parole inhabile. Telles sont les causes de la décadence de bien des Conférences. Seules, celles dont les succès passés ont répandu la renommée, peuvent y échapper ; on y vient alors perfectionner un talent déjà mis à l'épreuve dans d'autres enceintes, et préluder aux luttes plus brillantes de la Conférence des Avocats.

Aussi, la difficulté de combler, à l'aide d'adhésions nouvelles, les vides produits par le départ des anciens et de pourvoir au recrutement des membres d'une manière suffisante pour assurer l'avenir de l'association a-t-elle, à diverses reprises, amené la réunion de plusieurs Conférences en une seule. C'est ainsi que, jadis, la Conférence Paillet a absorbé l'ancienne Conférence Montesquieu ; que la Conférence Portalis s'est, en 1872, confondue dans la Conférence Marie et qu'en 1874, la Conférence de Harlay recueillait les onze derniers membres de la Conférence Pothier. Enfin, la fusion entre les Conférences Henrion de Pansey et Loysel, projetée depuis plusieurs semaines, doit être en ce moment un fait accompli (juin 1882).

Plusieurs autres Conférences négocient actuellement dans le même but, mais il est toujours assez difficile, en pareille conjoncture, d'arriver à une solution satisfaisante pour tous les amours-propres, les représentants de chacune de ces petites sociétés se faisant un point d'honneur de conserver le règlement de celle dont ils font partie et surtout le nom qui servait à la distinguer de ses émules.

Si, en effet, les sommités du Barreau et de l'École de Droit ne sont plus appelées à présider ces réunions, leurs fondateurs ne manquent jamais de les placer sous le patronage peu gênant de quelque illustre défunt, dont le nom leur sert de drapeau. C'était en général parmi les gloires de la magistrature ou de la science qu'étaient autrefois choisis les parrains des Conférences, on semble leur préférer aujourd'hui les grands noms de nos bâtonniers comme Berryer ou Jules Favre, ou de quelques profonds penseurs comme Montesquieu ou Beccaria.

IV

STATISTIQUE DES CONFÉRENCES ET NOMBRE DE LEURS MEMBRES

Les transformations continuelles subies par les Conférences, la difficulté d'obtenir des informations exactes et précises sur celles qui ont disparu, la destruction de tous les documents antérieurs à 1871, ne permettent pas de dresser, année par année, le tableau statistique de toutes celles qui ont existé depuis le dernier rapport dont elles ont été l'objet (1863).

Une pareille liste est essentiellement variable. D'une année à l'autre, dans le cours d'une même année, elle présente des différences notables.

Vingt Conférences de Droit ont fonctionné avec des fortunes diverses dans le cours de l'année judiciaire 1881-82. Ce sont les Conférences :

1° D'Aguesseau, fondée en 1873 ;
2° Beccaria, — 1876 ;
3° Berryer, — 1871 ;
4° Bugnet, — 1867 ;
5° Du Cercle catholique (Avocats)
6° — (3° année)
7° — (2° année)
8° — (1re année) } — 1851 ;

9° De la Cour de cassation,	fondée en	1868;
10° De Harlay,	—	1864;
11° Henrion de Pansey,	—	1871;
12° Jules Favre,	—	1882;
13° Loysel,	—	1876;
14° Marie,	—	1872;
15° Merlin,	—	1879;
16° Montesquieu,	—	1878;
17° Paillet,	—	1854;
18° Pothier,	—	1877;
19° Valette,	—	1881;
20° Vergniaud,	—	1872.

A côté des membres actifs ou titulaires, qui seuls participent assidûment à leurs différents travaux, presque toutes les Conférences admettent, sous le nom de membres libres, correspondants ou honoraires, d'anciens titulaires qui, ne pouvant assister d'une façon régulière et suivie à leurs séances, n'ont cependant pas voulu briser tous les liens qui les unissaient à elles. Certaines conditions sont prescrites pour l'admission à l'honorariat, qui doit toujours être prononcée par un vote : il faut en général avoir fait partie de la Conférence pendant deux ou trois ans comme membre actif ou avoir été élu à l'une des fonctions du bureau.

Le titre de membre libre, qui existe dans un nombre assez restreint de Conférences, est comme une transition entre l'activité et l'honorariat : les membres libres sont dispensés de l'assiduité et, le plus souvent, ne paient qu'une cotisation réduite, mais ils ont le droit de prendre part aux élections, droit auquel ne participent pas les honoraires.

Le nombre des membres honoraires ou libres est partout indéterminé ; il n'en est pas toujours ainsi des titulaires. Autrefois même, la plupart des Conférences avaient tracé par avance certaines bornes à leur extension, et fixé le nombre maximum de leurs membres actifs ; ce maximum, différent dans chaque règlement, variait de cinquante à vingt.

Cette limitation avait le double avantage de conserver un

certain degré d'intimité entre les membres de la réunion et d'y laisser toujours facile l'accès de la barre. Cependant, il n'y a plus aujourd'hui que les Conférences Loysel et Valette qui se soient imposé cette règle : la première ne peut dépasser cinquante membres, la seconde quarante. Ni l'une ni l'autre n'a d'ailleurs atteint ce chiffre.

Toutes les autres Conférences reçoivent des membres actifs en nombre illimité; mais ce nombre varie singulièrement suivant le degré de prospérité de l'association. La Conférence Merlin a sans doute le droit d'être fière des cent dix noms inscrits sur ses registres mais il est une ou deux de ses rivales qui se trouvent réduites à vingt ou vingt-cinq titulaires.

En somme la moyenne des membres inscrits, qui ne dépassait pas vingt-cinq en 1863, est aujourd'hui d'environ quarante-cinq pour chaque Conférence.

Il ne faudrait pas du reste pour juger de l'état florissant d'une Conférence prendre pour critérium unique la longueur de la liste de ceux qui la composent. Ce n'est pas tant la quantité que le zèle et l'assiduité de ses membres qui assurent le succès et la durée de l'institution. En fait, la moyenne des membres présents à chaque séance ne dépasse jamais les deux tiers des inscrits, le plus souvent il atteint à peine la moitié et quelquefois même il descend au-dessous du tiers. Evidemment, dans ces conditions la Conférence de quarante membres qui en réunit toujours au moins vingt-cinq fait preuve d'une vitalité bien supérieure à celle qui, sur soixante inscrits, ne parvient guère à compter plus de quinze assistants à ses réunions.

Aussi, bien qu'en additionnant l'un à l'autre le nombre des membres actifs inscrits à chaque Conférence, on arrive à un total de près de neuf cents, un pareil chiffre est très certainement de beaucoup au-dessus du nombre réel des jeunes gens qui prennent part à ces travaux ; il dépasse dans une proportion encore plus considérable la quantité de ceux qui en tirent véritablement profit.

D'une part en effet, les plus zélés font en général partie de deux, quelquefois de trois Conférences et en évaluant à deux cent cinquante ou deux cents la réduction à faire subir de ce chef au chiffre de neuf cents, nous devons être bien près de la vérité. D'autre part il faut reconnaître que les effectifs publiés chaque année par les soins des bureaux des Conférences sont presque toujours au-dessus de la réalité : on y rencontre une certaine quantité de membres qui ne paraissent jamais plus aux séances, mais qui, ayant négligé d'envoyer officiellement leur démission, continuent presque indéfiniment à figurer sur les listes, et d'autres sur lesquels on ne peut sérieusement compter qu'une fois l'an, le soir du banquet qui d'ordinaire termine les travaux de chaque exercice. Le total de ces non valeurs peut encore approximativement s'élever à cent ou cent cinquante. Ce n'est donc pas, en dernière analyse, à plus de cinq ou six cents qu'il est possible d'estimer le nombre des jeunes gens s'exerçant sérieusement à la parole dans les Conférences; c'est encore un progrès sur le passé puisque les évaluations du rapport de 1863 ne dépassent pas sur ce point le nombre de trois cent cinquante à quatre cents.

La grande majorité des membres des Conférences se compose de licenciés en droit dont les uns font leur stage d'avocat en même temps qu'ils poursuivent leurs études jusqu'au doctorat, tandis que les autres s'initient dans une étude d'avoué à la pratique de la procédure. Quelques avocats inscrits au tableau figurent aussi sur les listes mais en nombre des plus restreints : ce sont en général des fondateurs qui continuent le plus longtemps possible leur concours nominal à l'institution qu'ils ont créée mais ne prennent que fort peu de part à ses travaux. Le moment vient assez vite, en effet, où la multiplicité des occupations, les obligations de famille rendent difficile aux plus assidus la fréquentation de ces réunions que l'expérience acquise et la maturité de l'âge leur font en même temps devenir moins utile. Enfin beaucoup d'étudiants en droit s'exercent dès leurs premières années aux discussions juridiques.

Quoique aucune condition d'âge ne soit prescrite par les

règlements, en fait les Conférences ne sont guère fréquentées par des jeunes gens de moins de vingt ans ni de plus de trente. Ceux qui ne se trouvent pas compris entre ces deux limites sont la très rare exception.

Mais il est, en revanche, un point prévu dans presque tous les statuts, et réglementé par eux de diverses manières, ce sont les conditions de capacité requises pour l'admission. Les Conférences Berryer, Henrion de Pansey, Loysel, Paillet et Valette se recrutent uniquement parmi les licenciés; la Conférence de Harlay n'admet les étudiants qu'à compter de la deuxième année de droit; les Conférences Merlin, Marie et Montesquieu les reçoivent dès la première inscription. Aucune condition n'est exigée à ce point de vue par les Conférences d'Aguesseau, Beccaria, Bugnet, Pothier et Vergniaud : cette dernière a abrogé, il y a quelques années, une disposition de ses statuts qui excluait les étudiants inscrits à une université libre.

L'admission est, en général, prononcée par la Conférence, sur la proposition écrite et signée de deux de ses membres, qui servent de parrains au candidat. Le scrutin est secret, sauf dans les Conférences Bugnet et de Harlay. La majorité exigée en pareille circonstance est tantôt de la moitié plus un, tantôt des deux tiers, parfois des trois quarts des membres présents. Aux termes de l'article 9 des Statuts de la Conférence d'Aguesseau, le candidat doit réunir un nombre de voix égal aux deux tiers des votants, mais l'élection n'est valable que si la moitié des inscrits s'y trouve représentée.

Le règlement de la Conférence Loysel, fort sévère à cet égard, dispose que trois suffrages négatifs suffiront pour faire obstacle à l'admission.

Enfin, dans la Conférence Merlin, tout candidat présenté par deux membres est admis sans scrutin, mais à la condition que, dans la séance de présentation, le Président n'ait pas reçu plus de six oppositions.

V

BUREAU

Le bureau est, en quelque façon, le gouvernement, le pouvoir exécutif de la Conférence. Il est chargé du maintien de l'ordre, de l'application du règlement, et, en général, de l'exécution de toutes les mesures votées par la Conférence. Ses autres attributions varient suivant les règlements. Souvent, c'est à lui qu'est réservé le soin de choisir les questions à mettre au rôle; il a parfois aussi le droit de statuer sur les excuses présentées par les absents, sur les demandes de congé, etc. La Conférence Henrion de Pansey le fait juge souverain de toutes les questions qui s'élèvent relativement à l'interprétation du règlement. Mais bien des Conférences se réservent à elles-mêmes ou délèguent à des commissions spéciales une partie des pouvoirs attribués ailleurs au bureau.

Le plus habituellement, ce bureau se compose d'un Président, d'un Vice-Président, d'un Secrétaire et d'un Trésorier.

Les Conférences Beccaria, Bugnet et Vergniaud n'ont pas de Vice-Président, et le Secrétaire de la Conférence de la Cour de cassation remplit en même temps les fonctions de Trésorier. Par contre, les Conférences Marie et Montesquieu adjoignent à leur bureau un cinquième fonctionnaire chargé de suppléer au besoin le Secrétaire et le Trésorier.

Les membres du bureau sont donc au nombre de cinq, de quatre ou de trois : ils sont élus au scrutin secret, à la majorité absolue des voix au premier tour, à la simple majorité relative, si un second tour est nécessaire.

La durée de leurs fonctions est de deux mois dans les Conférences Beccaria, Bugnet, Marie, Paillet, Pothier et Vergniaud, de trois mois dans les Conférences d'Aguesseau, Berryer, Henrion de Pansey, de Harlay et Loysel, de quatre mois dans la Conférence Merlin. Le bureau de la Conférence de la Cour de Cassation est nommé pour toute la durée de l'année judiciaire.

Tandis qu'une moitié environ des Conférences proscrit la réélection immédiate des membres du bureau à la même fonction, l'autre moitié les déclare au moins une fois rééligibles. En fait, dans ces dernières réunions, le même bureau est toujours élu pendant deux sessions consécutives. Ce système a l'avantage d'imprimer plus d'unité à la direction de la Conférence et d'affermir l'autorité de ses fonctionnaires; la pratique contraire, si elle permet de récompenser ainsi le mérite d'un plus grand nombre, a l'inconvénient de diminuer le prestige du bureau et d'en écarter brusquement ceux qui, par l'habileté de leur gestion, auraient rendu encore de précieux services.

L'activité des fonctionnaires, particulièrement du Président, leur assiduité, contribuent dans une large mesure à la prospérité de l'institution ; leur irrégularité ou leur mollesse risquent, au contraire, de compromettre gravement les destinées de la Conférence. C'est donc à bon droit qu'un certain nombre de règlements punissent les absences non excusées des membres du bureau d'une amende double, triple ou quadruple de celle infligée aux autres en pareille occurrence.

Les fonctions du Président consistent d'une manière générale à diriger les débats et à veiller à l'observation du règlement. Il est chargé de la police de la séance, investi du droit de rappel à l'ordre, il ouvre et clôt la discussion à laquelle nul ne peut prendre part sans avoir préalablement obtenu de lui la parole; enfin à lui seul appartient de consulter la Conférence et de proclamer le résultat des votes.

Le Secrétaire fait l'appel nominal ou tient la feuille d'émargement, suivant que la présence des membres est constatée par l'un ou par l'autre de ces moyens : il rédige les procès-verbaux et est chargé de la correspondance.

Le Trésorier tient les comptes, encaisse les cotisations et poursuit le recouvrement des amendes : il est tenu, au moment de sa sortie de charge, de rendre compte de sa gestion à la Conférence.

Il est parfois arrivé que d'assez graves dissentiments se soient manifestés relativement à des questions d'ordre intérieur, que des divergences dans l'interprétation du règlement se soient élevées entre le bureau et ses commettants. En pareil cas, fidèles observateurs des règles parlementaires, le Président et ses assesseurs offrent généralement leur démission. Cependant on a cru quelquefois utile de prévoir l'hypothèse où le bureau tenterait de faire de son autorité un usage contraire aux vues de la majorité ; c'est pour parer à cette éventualité qu'a été rédigé l'art. 19 des Statuts de la Conférence Henrion de Pansey : il autorise la déposition du bureau en exercice avant l'expiration de son mandat. « Art. 19. — La Conférence peut, sur la demande de dix membres, être saisie de la question de la réélection totale ou partielle du bureau. Le vote a lieu sans discussion, à la majorité des membres présents, et le nouveau bureau est immédiatement élu. »

C'est la reproduction presque textuelle d'un article de l'ancienne Conférence Laferrière, aujourd'hui disparue, plus sage en ce qu'il ne laissait pas l'opportunité d'une si grave mesure à l'appréciation de la Conférence et ne l'autorisait qu'au cas où le bureau ou l'un de ses membres avait commis une violation du règlement.

Une institution particulière à la Conférence Berryer est celle de la commission administrative, sorte de pouvoir consultatif placé entre le bureau et la Conférence. Cette commission, permanente et composée de trois membres, est élue au début de l'année; le Président et le Trésorier ont le droit de prendre part à ses délibérations Tout projet engageant les finances, toute proposition tendant à modifier le règlement, doivent lui être renvoyés, et la discussion n'en peut avoir lieu qu'après le dépôt d'un rapport rédigé par l'un des commissaires. C'est également cette commission qui choisit les questions du rôle ; c'est à elle que doivent être adressées les réclamations relatives aux amendes infligées aux absents.

Enfin, certaines Conférences ont encore des fonctionnaires spéciaux, mais qui ne font pas partie du bureau.

Tel est, par exemple, l'archiviste de la Conférence Henrion de Pansey : nommé pour un an et indéfiniment rééligible, il est chargé du dépôt des livres, papiers et documents appartenant à la Conférence, doit tenir registre des objets confiés à sa garde et ne peut les communiquer que contre un reçu signé de l'emprunteur.

Tels sont encore les membres du ministère public, élus par les Conférences Bugnet et Vergniaud et dont le rôle et les attributions seront examinés plus loin.

VI

TRAVAUX DES CONFÉRENCES

C'est en général à une époque voisine de celle fixée pour la rentrée des Tribunaux et des Facultés de Droit que les Conférences reprennent leurs séances : elles les prolongent ensuite pendant six ou sept mois, rarement huit. A partir du mois de juin, la préparation des examens de licence ou de doctorat absorbe, en effet, ceux de leurs membres que l'approche des luttes suprêmes de la Conférence des avocats ne rendrait pas indifférents aux travaux plus modestes des réunions particulières.

Ces travaux, malgré leur diversité apparente, ont tous un même objet, l'exercice de la parole. Acquérir en même temps que l'habitude de la barre la souplesse d'argumentation et la facilité d'improvisation que réclame la plaidoirie moderne, tel est le but que poursuivent, avant tout, les jeunes gens qui fréquentent les Conférences. Aussi la discussion orale des questions de droit controversées y est-elle l'exercice le plus ordinaire. C'est le seul qu'autorisent les règlements des Conférences Berryer, de la Cour de Cassation, de Harlay et Loysel. L'étude des réformes législatives ou des théories d'économie politique, que la plupart des autres Conférences admettent à côté des controverses purement juridiques, ne tient en réalité qu'une place secondaire dans leurs travaux habituels. Aussi bien, l'interdiction absolue de traiter des matières politiques ou religieuses, sagement inscrite dans tous les statuts, réduit-elle naturellement à un chiffre assez restreint le nombre des questions de législation ou des problèmes économiques dont la discussion soit possible, sans empiéter sur le terrain défendu.

Que si parfois un orateur se permet quelque allusion à des questions qui préoccupent l'opinion publique, il a soin de le faire avec une extrême réserve, et le Président, s'il en est besoin, sait toujours intervenir à temps pour conserver aux débats le caractère et le ton qui leur conviennent. Il est, en effet, d'autres enceintes où ceux qui se sentent entraînés vers les émotions de la tribune politique, peuvent librement donner carrière à leurs aspirations, mais les Conférences du Palais n'ont jamais entendu passer pour l'école de l'éloquence parlementaire.

En vain également y chercherait-on une sérieuse initiation à la pratique des affaires, les discussions théoriques en faisant tous les frais. C'est au stage chez l'avoué qu'il faut demander l'expérience de la stratégie judiciaire, c'est par la collaboration aux travaux d'un ancien que l'on peut apprendre à se familiariser avec les dossiers.

A diverses reprises cependant, on a cherché à donner aux Conférences une utilité pratique immédiate en y reproduisant le plus exactement possible les débats dont nos tribunaux sont chaque jour le théâtre. Tel était le but d'une réunion dans laquelle un de nos plus illustres bâtonniers, M. Dufaure, faisait ses premières armes, en 1819. Connue sous le nom de la *Véridique*, cette Conférence se réunissait chaque semaine au Palais de Justice. Le rapport de 1863 abonde à son sujet en détails pleins d'intérêt.

« Dans chaque nature d'affaire le tribunal se composait comme il devait l'être d'après la législation française dans une affaire de cette nature.

« Toutes les fonctions, celles de président, de vice-président, de ministère public, d'avocat, d'avoué, d'huissier étaient remplies à tour de rôle; le commis au greffe avait seul une mission perpétuelle. Remise était faite au greffier, neuf jours avant la plaidoirie, d'un double de tous les actes de procédure par chacun des fonctionnaires qui devaient faire ces actes; le greffier constatait la date du dépôt sur sa pièce. A la séance qui suivait les plaidoiries, un censeur dénonçait à la Conférence les irrégularités, les nullités de procédure qui s'étaient produites et aussi appréciait la valeur des discours; à cet effet après chaque séance des documents étaient communiqués au censeur par ceux des membres qui avaient des observations à faire. »

Cette recherche d'exactitude absolue était bien un peu puérile et une pareille organisation, quoique imaginée dans le but de donner l'illusion de la réalité était trop artificielle et compliquée pour donner de féconds résultats. La Véridique ne semble pas avoir prospéré et sa constitution n'a pas été imitée depuis.

Cependant en 1847, à l'ancienne Conférence de Harlay, on plaidait parfois sur des dossiers communiqués par un maître clerc d'avoué. Enfin l'article premier du règlement de la Conférence Henrion de Pansey contient la disposition suivante : « Il pourra être mis au rôle de la Conférence un procès qui sera plaidé par autant d'avocats qu'il y aura de parties en cause dans l'espèce choisie. »

Les rares applications qui ont été tentées de cet article n'ont pas été heureuses et n'ont pas engagé à les renouveler. Sans parler de la difficulté matérielle que l'on éprouve à se procurer les dossiers nécessaires, il semble qu'il y ait quelque chose de peu convenable à faire d'un procès sérieux, dont les parties ne sont pas de vaines abstractions la matière d'un simple exercice oratoire. Du reste les développements nécessairement restreints d'une plaidoirie de Conférence ne se prêtent qu'à des affaires de la plus médiocre importance et dont l'intérêt, dès lors, est le plus souvent inférieur à celui des questions théoriques habituellement traitées.

Aussi la Conférence Henrion de Pansey paraît-elle avoir depuis plusieurs années complètement renoncé à ces débats inusités dans les réunions du même genre.

Le nombre des questions de droit discutées dans le cours d'une séance ne dépasse pas aujourd'hui une ou deux : il y a vingt ans il pouvait êrre de trois, quelquefois même de quatre. Il ne faudrait pas croire que cette diminution tienne à un ralentissement de zèle. L'heure plus tardive de l'ouverture des séances n'est pas sans y avoir contribué, mais la cause déterminante doit en être reportée à la place de plus en plus large faite à la discussion générale.

Les Conférences de la Cour de cassation, Beccaria, Henrion de Pansey, Pothier n'entendent qu'une seule question. Les conférences d'Aguesseau et Vergniaud suivent en principe la même règle, mais trois de leurs membres peuvent s'entendre pour s'inscrire sur une question choisie parmi celles d'un rôle supplémentaire et la plaider à la fin d'une soirée. C'est le bureau qui, dans les Conférences Bugnet et de Harlay, fixe en même temps que l'ordre du jour de chaque séance le nombre de questions qui y seront traitées. La Conférence Paillet inscrit à son ordre du jour une question subsidiaire qui ne vient en discussion que si, pour une raison quelconque, les orateurs de la principale font défaut. Enfin, les règlements des Conférences Marie, Montesquieu et Merlin exigent que deux questions soient discutées chaque fois. Dans cette dernière c'est toujours une question de législation ou d'économie politique qui termine la séance.

Les formes de la discussion varient peu dans leurs grandes lignes : deux orateurs principaux plaident l'un pour l'affirmative, l'autre pour la négative ; ils ont toujours le droit de répliquer, sauf à la Cour de cassation. Certains règlements fort prudents sur ce point n'autorisent qu'une seule réplique : l'absence d'une semblable disposition a souvent pour résultat d'amener entre les deux adversaires, sous couleur de se rectifier une sorte de colloque indéfiniment prolongé, mais absolument dépourvu d'intérêt, et c'est à peine si une demande de clôture parvient à briser le cercle vicieux dans lequel les deux interlocuteurs s'enferment sans en vouloir sortir.

Dans les Conférences qui admettent un ministère public, celui-ci donne habituellement ses conclusions après les répliques des deux orateurs. Il en est ainsi dans les Conférences de la Cour de Cassation, Berryer, de Harlay, Henrion de Pansey, Paillet et Vergniaud.

La discussion générale, quelquefois appelée délibéré, s'ouvre ensuite; l'animation qu'elle présente est l'un des plus sûrs indices de la vitalité d'une Conférence : c'est en y prenant part que l'on est amené à faire les plus rapides progrès. Les arguments nouveaux, les idées ingénieuses que les plaidoiries ont pu faire naître dans l'esprit des auditeurs s'y traduisent en d'alertes improvisations auxquelles les orateurs s'efforcent de répondre. Si l'objection défie la contradiction, la riposte suit de près l'attaque : la question est ainsi étudiée en ses plus minutieux détails sans lasser l'attention des assistants toujours prêts à entrer dans la lutte. Enfin, il arrive souvent que les observations imprévues mais décisives apportées au dernier moment par un de ces orateurs improvisés modifient l'impression première de l'auditoire et entraînent les suffrages en faveur d'une cause qui semblait désespérée.

Quelquefois, il est vrai, la discussion risque de s'égarer un peu; c'est alors qu'apparaît l'utilité d'un ministère public, venant, comme dans les Conférences Bugnet et Vergniaud, clore la discussion par ses conclusions qui la résument tout entière. L'étude préalable qu'il a dû faire du sujet le met à même de discerner les arguments séduisants mais erronés produits au cours de la dicsussion générale, et d'en dénoncer le vice à des auditeurs qu'une éloquence spécieuse a pu impressionner au premier abord.

Cependant, un certain nombre de Conférences n'ont pas de ministère public, et la plupart de celles qui en possèdent l'entendent, comme on l'a vu, avant l'ouverture du délibéré.

Dans la Conférence Loysel, la seule dont le règlement n'admette pas la discussion générale, le président a toujours le droit de résumer les débats, s'il le juge convenable. C'est une dernière trace d'un usage général, autrefois, dans les Conférences dirigées par un ancien, mais qui n'a plus aujourd'hui beaucoup de raison d'être, le président n'ayant habituellement ni l'expérience, ni l'autorité nécessaires pour qu'un résumé fait par lui présente quelque utilité. La mercuriale adressée par lui aux orateurs a disparu pour les mêmes raisons.

Les orateurs sont encore tenus, dans les Conférences Berryer, Henrion de Pansey et Vergniaud, de déposer sur le bureau, avant de prendre la parole, des conclusions motivées. Le règlement de la Conférence Loysel prescrit également le dépôt de conclusions entre les mains du ministère public huit jours avant la discussion. La rédaction de ces conclusions, dont l'utilité serait évidente si l'on y trouvait concentrée la substance même de la plaidoirie, n'est, en réalité, qu'une formalité dénuée d'intérêt. Ecrites le plus souvent au cours même de la séance, murmurées à la hâte avant la discussion, elles ne font guère que reproduire textuellement un ou deux motifs d'arrêt. Aussi cet usage, très répandu jadis, tend-il à disparaître complètement.

A la Conférence de la Cour de cassation le débat sur la question principale, qui a lieu sous la forme d'un pourvoi devant la Cour suprême ou le Conseil d'Etat, est suivi de l'étude d'une question de procédure. Un membre chargé de la préparer adresse sur le sujet choisi des interrogations aux assistants et rectifie les réponses inexactes.

La Conférence Paillet, à côté des discussions purement orales, donne place à certains travaux écrits. Sur toute question de législation un rapport élaboré dans le sein d'une commission de cinq membres spécialement désignés dans ce but, doit être déposé quinze jours avant la date fixée pour la discussion. Le rapporteur, en pareil cas, joue le rôle du ministère public dans les questions de droit.

Enfin, chaque année, les suffrages de cette Conférence désignent un de ses membres appelé à l'honneur de prononcer un discours dans la séance de rentrée. Le choix du sujet laissé à l'orateur doit cependant être agréé par le bureau. Cette institution si propre à exciter l'émulation et à jeter de l'éclat sur cette Conférenee méritérait à coup sûr d'être imitée par ses rivales.

VII

ROLE ET MODE DE DISTRIBUTION DES QUESTIONS

Le choix des questions à plaider, influant beaucoup sur l'intérêt des séances, partant sur le succès même de la Conférence, exige d'être fait avec discernement; le soin de dresser le rôle est tantôt laissé au bureau, tantôt confié à une commission spéciale. Tous les membres actifs y participent d'ailleurs dans une certaine mesure; chacun est admis à soumettre à l'autorité compétente les questions qui lui plaisent, et la plupart des règlements font même du dépôt par chacun d'une ou de deux questions une obligation sanctionnée par une assez forte amende.

Parfois le rôle est arrêté pour l'année entière; le plus souvent il est fait pour une période de deux ou trois mois. Le premier système a l'inconvénient d'appeler le bureau et la commission à statuer à la fois sur une trop grande quantité de questions pour que, dans le nombre, il ne s'en glisse pas quelques-unes d'un intérêt douteux. De plus, cette méthode rend presque impossible la discussion des sujets dont l'actualité fait à un moment donné le principal mérite. Aussi les statuts réservent-ils souvent en pareil cas à la Conférence le droit d'intercaler les questions dont les circonstances rendraient la discussion particulièrement intéressante. L'article 16 du règlement de la Conférence Berryer contient, à ce point de vue, une disposition curieuse à noter :

« Pourra exceptionnellement être inscrite à l'ordre du jour d'une séance, la question soumise à la Conférence des Avocats le lundi qui suivra immédiatement cette séance, si ladite question est proposée par un des membres déjà inscrits pour la discuter à la Conférence des Avocats et si elle réunit le nombre d'orateurs nécessaires. »

C'est, on le voit, une façon de répétition générale des discussions de la grande Conférence.

Quant au mode de distribution des questions, il n'est pas partout le même. Habituellement, chacun est admis à se faire inscrire sur une question, quinze jours avant sa discussion. Dans le cas où plusieurs orateurs sont inscrits dans le même sens le sort décide entre eux. Quelquefois la priorité d'inscription détermine la préférence. Souvent aussi le membre qui a indiqué un sujet a le privilège de se réserver, lorsqu'il vient en discussion, le rôle qui lui convient.

Si personne ne s'inscrit volontairement pour prendre la parole, soit comme avocat soit comme ministère public, le sort désigne celui qui devra remplir le poste délaissé. C'est quelquefois aussi le président qui, en pareille circonstance, est appelé à nommer d'office un orateur.

Les Conférences Bugnet et Vergniaud élisent, en même temps que leur bureau, la première trois, la seconde deux membres chargés de remplir les fonctions de ministère public toutes les fois qu'aucun orateur ne consentira à prendre ce rôle, et à remplacer d'office celui qui, après s'être inscrit en cette qualité, fait défaut au moment où il doit donner ses conclusions.

A la Conférence de la Cour de cassation les inscriptions volontaires ne sont pas admises. Un tirage au sort est fait au commencement de l'année pour toutes les questions du rôle : il désigne pour chacune d'entre elles le nom des orateurs et l'opinion qu'ils doivent soutenir.

Enfin, on s'est quelquefois préoccupé de faciliter à tous l'accès de la barre en disposant que, lorsque deux orateurs s'inscrivent concurremment du même côté, celui-là devra obtenir la préférence qui, dans le courant de l'année, aura le moins souvent pris la parole.

VIII

VOTE

La décision que la Conférence est appelée à prendre après la clôture des débats, ne se produit pas partout sous la même forme ; tantôt chacun des assistants est invité à donner un avis motivé, tantôt à exprimer une simple déclaration en faveur de l'une ou de l'autre opinion.

Le suffrage motivé, presque universel à une époque, n'est plus usité maintenant que dans les Conférences d'Aguesseau, de Harlay et Paillet. L'institution de la discussion générale devenait chaque jour plus répandue en a notablement diminué l'utilité : tout membre peut en effet produire les arguments négligés par les orateurs. En réalité, chacun se contente aujourd'hui d'indiquer le sentiment général dont s'inspire sa décision, sans la motiver sérieusement en droit, ou même plus souvent encore, déclare s'en rapporter aux raisons développées par l'un des orateurs ou exprimées par le préopinant.

Dans la Conférence Loysel le président peut désigner d'office un certain nombre de membres appelés à donner une opinion motivée ; après quoi il est procédé à un vote général.

Toute les autres Conférences ont adopté le simple vote par main levée.

L'article 29 du règlement de la Conférence Pothier ajoute pourtant que toute discussion peut se terminer par un ordre du jour motivé. Cela n'est pas sans analogie avec ce qui se passait autrefois à la Conférence Laferrière, dont le vote se formulait dans un véritable jugement. Soigneusement rédigée, cette décision visait les textes et indiquait les considérations qui avaient déterminé les suffrages.

IX

LIEU ET HEURE DE RÉUNION

Le lieu de réunion à la fois le plus naturel et le plus convenable pour les Conférences c'est le Palais de Justice ; c'est là, sur le théâtre même des luttes judiciaires dont ils seront un jour les acteurs, qu'étudiants et stagiaires aiment à faire l'épreuve de leur force et l'essai de leur talent; c'est dans ces lieux parfaitement appropriés aux nécessités des discussions oratoires qu'ils trouvent aujourd'hui la plus large hospitalité.

Il n'en a pas toujours été ainsi et les rapports de 1858 et de 1863 nous apportent comme un lointain écho des doléances de nos prédécesseurs brutalement chassés en 1857 de l'asile traditionnel de leurs réunions. Les travaux de restauration entrepris au Palais de Justice furent le prétexte de cette expulsion à laquelle des motifs d'un autre ordre ne furent sans doute pas étrangers. La liberté de parole n'était pas en faveur alors et peut être n'eût-on pas été fâché de voir les générations nouvelles condamnées à ce silence que Pythagore recommandait à ses disciples et que le vieux Loysel admirait tant chez Pierre Pithou.

Pendant plus d'une année les Conférences menèrent une existence nomade obtenant à grand'peine un abri provisoire dans les amphithéâtres de l'Ecole de Droit ou dans des salles de Justice de paix. Un auditeur inusité, le commissaire de police, devenait en même temps l'hôte assidu de ces réunions devenues suspectes parce que le Droit y régnait en souverain.

Enfin, grâce aux démarches persévérantes du bâtonnier, aux réclamations persistantes du conseil de l'Ordre, à l'avis favorable des chefs de la Cour et du Tribunal, les portes du Palais se sont peu à peu rouvertes devant les Conférences dispersées, et la proscription dont elles avaient été victimes a définitivement cessé.

Les diverses chambres de la Cour de cassation, de la Cour d'appel, du Tribunal civil, du Tribunal de commerce, sont chaque soir mises à leur disposition.

La salle des criées du Tribunal civil, où se réunit actuellement la Conférence des Avocats, reçoit également les Conférences Vergniaud le lundi, Pothier le mardi, Henrion de Pansey le mercredi, Berryer le jeudi, et Jules Favre le vendredi, à huit heures et demie du soir.

Les Conférences Beccaria et Bugnet se tiennent, la première le lundi, la seconde le mardi, à huit heures du soir, dans la sixième chambre du Tribunal; dans la quatrième chambre se réunissent les Conférences Montesquieu le lundi, et Merlin le mercredi; dans la deuxième, la Conférence Valette le mardi.

La Cour d'appel fournit le local de sa troisième chambre aux Conférences de Harlay le mardi, Paillet le jeudi, à huit heures et demie; celui de la seconde chambre à la Conférence Loysel, qui y tient ses séances le mardi, à huit heures un quart.

Enfin, la Conférence d'Aguesseau se réunit le mercredi soir, à huit heures et demie, dans le somptueux local de la chambre criminelle de la Cour de cassation, et la Conférence Marie se tient à la même heure, le jeudi, dans la salle du Conseil de préfecture, au palais du Tribunal de commerce.

X

FINANCES

Pour subvenir aux dépenses qu'entraînent leurs réunions, les Conférences ont dû songer à s'assurer des ressources pécuniaires.

Les dépenses consistent en frais de salle, qui peuvent monter à 30 francs par mois; la correspondance, l'impression du rôle des questions, du règlement et de la liste des membres absorbent, en outre, une somme assez élevée.

Les recettes destinées à y pourvoir sont de deux sortes : les recettes ordinaires, qui se composent de la cotisation annuelle des membres actifs et libres, du droit d'entrée ou du cautionnement que chaque nouveau titulaire verse au moment de son admission; les recettes extraordinaires comprennent le produit des amendes infligées aux membres absents, négligents ou indisciplinés, et, parfois, des cotisations supplémentaires que, dans des moments de crise financière, les Conférences se voient forcées d'exiger pour un temps de ceux qui les fréquentent.

La cotisation mensuelle est généralement fixée à 2 francs. Elle n'est que d'un franc dans les Conférences Bugnet et Merlin; elle s'élève à 2 francs 50 centimes dans la Conférence Berryer, et à 3 francs dans la Conférence de Harlay.

Le règlement de la Conférence Montesquieu fixe à une somme de dix francs, payable au commencement de l'année, la cotisation due par ses membres.

Le droit d'entrée est de un, deux, trois, quatre, cinq et dix francs suivant les Conférences.

Un cautionnement de cinq francs, destiné à garantir le recouvrement des amendes, est exigé en outre, au commencement de l'année, de tout membre des Conférences Beccaria, de Harlay et Marie. A la fin de l'exercice, il est restitué à chacun, s'il y a lieu, défalcation faite des amendes encourues.

Les amendes ont été imaginées dans le double but d'assurer l'observation de certaines prescriptions des statuts et de grossir l'encaisse.

Les plus fortes sont infligées au membre qui, ne paraissant pas à la barre le jour où il devait prendre la parole, a négligé de se faire remplacer par un collègue, ou à celui qui a omis de soumettre un nombre déterminé de questions à l'autorité chargée de dresser le rôle (cinq et deux francs).

Les plus faibles répriment les simples retards ou les absences non excusées.

Enfin certains règlements dans l'intérêt de la discipline ont sanctionné d'une amende la pénalité purement platonique en elle-même du rappel à l'ordre.

En général, les recettes dépassent assez notablement les dépenses pour qu'à la fin de chaque exercice le bureau puisse convier les membres de la Conférence à consacrer à un banquet confraternel le reliquat de la caisse. Chacun aime à se rendre à cette réunion d'un caractère tout intime, où se resserrent encore davantage les liens d'amitié et de mutuelle sympathie qui doivent unir entre eux les membres d'une même Conférence, et dont la force contribue pour une si grande part au succès de l'œuvre commune.

Les Conférences, d'ailleurs, n'ont jamais manqué aux devoirs qu'impose la prospérité; et plus d'une fois elles ont donné à leurs ressources le plus noble emploi en venant généreusement au secours de quelque grande infortune ou d'œuvres d'intérêt social.

CONCLUSION

On a vu ce qu'étaient autrefois les Conférences, on a pu se rendre compte de ce qu'elles sont aujourd'hui ; y a-t-il quelque moyen de remédier aux légers inconvénients signalés dans leur organisation et d'assurer plus complètement encore leur prospérité et leur développement futur ?

Assurément la situation actuelle, soit au point de vue matériel, soit au point de vue intellectuel, est des plus satisfaisantes. Les chiffres et les faits cités au cours de ce travail en sont la preuve assurée, et jamais, depuis 1810, les Conférences particulières n'ont vu plus grand nombre de jeunes gens s'inscrire sur la liste de leurs membres ni s'empresser à leurs séances : il ne paraît pas davantage que les discussions y aient jamais été plus sérieuses ni plus animées. Enfin, les vives doléances exprimées par nos prédécesseurs, au sujet de la difficulté qu'ils éprouvaient à obtenir les locaux nécessaires pour abriter leurs réunions, n'ont plus aucune raison d'être, maintenant que le Palais, restauré et agrandi, nous a rendu plus large et plus magnifique encore son hospitalité d'autrefois.

Mais si, d'une façon générale, on peut se féliciter de l'état présent de la plupart des Conférences, il est impossible de ne pas se préoccuper de l'état de langueur dans lequel certaines d'entre elles végètent en ce moment et de la prochaine décomposition dont elles se trouvent menacées. Sans doute des réunions nouvelles les remplaceront qui, elles aussi, sauront former d'excellents orateurs. Mais ne serait-il pas désirable de voir apporter un remède à cette instabilité ? Et les Conférences les plus prospères sont-elles donc fatalement condamnées par leur constitution même à s'amoindrir peu à peu pour disparaître enfin après quelques années d'un éclat passager ?

Les raisons de cet état de choses ont été signalées plus haut : la retraite des fondateurs semble presque toujours devoir entraîner la décadence de leur œuvre. Le vrai moyen d'assurer la vie d'une Conférence ne serait-il donc pas de rattacher par des liens plus forts que ceux de l'honorariat, tel du moins qu'il existe aujourd'hui, les anciens aux nouveaux? les uns et les autres y trouveraient un commun profit.

« Voyez, disait autrefois le président Hénault, voyez les hommes illustres du passé, ces lumières du tribunal et du barreau, les Talon, les de Thou, les Séguier, les Molé, les Bignon, les Harlay, les Lamoignon, etc., les Conférences étaient le délassement et la réparation de leurs travaux ; ils y venaient reprendre de nouvelles forces et c'était un profit égal pour les mœurs et pour la science. »

Tel était aussi le langage d'Henry, avocat au Parlement de Paris : « On ne peut mieux s'instruire que dans les Conférences où de jeunes aspirants apportent un travail dans lequel ils ont tâché de rassembler ce que la doctrine a de plus étendu et de plus profond et où des anciens jurisconsultes communiquent tout ce que leur a appris une expérience consommée. »

Enfin, naguère encore, n'entendions-nous pas la voix la plus respectée et la mieux autorisée vanter l'utilité qu'on retire à tout âge de ces controverses théoriques, dans lesquelles, sans pièces à lire, sans faits à développer, se plaçant face à face avec la question de droit, on se fait « l'avocat non de tel ou tel plaideur, mais de l'affirmative et de la négative ».

Pourquoi ne pas essayer de mettre à profit ces utiles avis? Sans rien perdre d'une indépendance qui leur est justement précieuse, les Conférences trouveraient sans doute à les suivre un nouveau prestige et de nouvelles chances de durée. Des traditions de savoir et d'éloquence se formeraient dans chacune d'elles et leur garantiraient une existence heureuse et prolongée.

Quoi qu'il en soit, l'intérêt dont vous venez, monsieur le Bâtonnier, de leur donner la preuve en vous informant avec tant de sollicitude de leur situation présente ne peut que les encourager à marcher vers de plus grands progrès et à contribuer davantage encore, dans leur modeste sphère, à ce qui doit faire l'objet de nos vœux les plus constants et les plus chers : la prospérité et la gloire de l'Ordre.

TABLE DES MATIÈRES

www.ingramcontent.com/pod-product-compliance
Ingram Content Group UK Ltd.
Pitfield, Milton Keynes, MK11 3LW, UK
UKHW020409220726
13923UKWH00004B/1838